JN283464

女の子のための
かわいいカクテル
Lovely cocktail for girls

村田紘子

池田書店

今日のカクテル、誰と飲む？

仲のいい友だちとみんなでカクテル！
おしゃべりだって大事なおつまみ

週末は女同士で気楽にパーティ。
おいしいからって、少し飲みすぎちゃったかも。

（カクテル右上から時計回りに）
- スクリュードライバー…p.32
- ラムキウイ…p.73
- カシスジェラート…p.91
- ガールズ・マンハッタン…p.62

（おつまみ上から）
- マルゲリータ風トースト…p.147
- ドライフルーツと生ハムのピンチョス…p.138
- くるみとブルーチーズのディップ…p.138

003

疲れて帰った日、おいしいカクテルと
お気に入りの音楽が何よりのごほうび

お風呂上がりにフルーティーなビアカクテルを1杯。
自分をリセットする大切なひととき。

- パイナップルビア…p.25
- ドライフルーツたっぷりのクリームチーズ…p.150

005

今日は彼がおつまみ担当
おうちを貸し切りのカフェバーに

デートのときは、女の子らしいカクテルをチョイス。
彼、いつの間にか料理の腕を上げたみたい？

- ジントニック…p.38
- ファジーネーブル…p.109
- セロリの梅肉はちみつ和え…p.140
- オイルサーディンのイタリアングラタン…p.144

007

カクテルはバーに行って飲むもの、と思っていませんか？
しかもちょっと敷居が高くて、気軽には飲みに行けない…。
そんな女の子に、おいしいカクテルをもっと知ってほしくて、
おうちで作れるカンタンなレシピを考えました。
材料はコンビニやスーパー、
酒屋さんで売っているものでじゅうぶん。
道具だって、プロ用のものは必要なし。
おうちにある計量スプーンやカップでいいんです。
100円ショップでも売っている密閉容器を使えば、
シェイクだってできちゃいます。
友だちと、彼と、ときにはひとりで。
のんびりと過ごすお酒の時間を
もっと楽しくしたいと思ったときに、
ぜひ、この本を手にとってみてください。
そして、手作りカクテルのおいしさと楽しさを
知ってもらえたら、こんなに嬉しいことはありません。

村田紘子

Contents

今日のカクテル、誰と飲む？ 002
はじめに 008
この本で使っているお酒 014
この本でおもに使用している道具と小物 016
おうちカクテルのカンタン基本テクニック 018
この本の使い方 020

Part 1
食事に合わせやすい すっきり、さっぱりカクテル

パナシェ 022
レッドアイ 023
シャンディーガフ 024
パイナップルビア 025
サンデーブランチ 026
ミモザ 027
ガーデンシエスタ 028
ジェリーワイン 030
貴婦人のキッス 031
スクリュードライバー 032
マンゴーティー 034
ウォッカソーダ 035
モスコミュール 036
ジントニック 038
オレンジブーケ 040
綺麗☆カクテル 041
ジンアップル 042

ジンライム 043
ビーチガール 044
ブロードウェイ・サースト 045
ストロベリー・サンライズ 046
シトロンフラッペ 047
乙女の気持ち 048
カンパリソーダ 050
スプモーニ 051
ライチ・グレープフルーツ 052
ライチフィズ 054
ライチウーロン 055
ラムコーク 056
スイートラムちゃん 058
ダイキリ・オンザロックス 059
大人のサワー 060
ガールズ・マンハッタン 062
ミントソーダ 064
スーズウォーター 065
コロンビア 066
今夜は朝まで 067
初恋の味 068
なでしこロック 069

Fresh Fruits & Herb
フレッシュフルーツ&ハーブのカクテル

グレフルペッパー 070
ブルガリアオレンジ 072
ラムキウイ 073
桃ワイン 074
ミニトマトのカクテル 076
ベリーショコラ 077
コート・ダジュール 078

Part 2
デザートにもぴったり
まろやかスイートカクテル

キール・ロワイヤル 082

リリー 083

ワインクーラー 084

ドライプルーンのサングリア 085

梅酒りんご 086

梅酒ソーダにスペインの風を 087

カシスミルク 088

カシスオレンジ 090

カシスジェラート 091

カルーアミルク 092

ブラックルシアン 094

メキシカンブラック 095

ベイリーズオレ 096

パンプキンプディング 097

チョコティー 098

ラムショコラ 099

ラムパイン 100

ラムアップルティー 101

ピニャコラーダ 102

アマレットジンジャー 104

ティラミスカクテル 105

ゴッドファーザー 106

ベルモットハーフ&ハーフ 108

ファジーネーブル 109

パリジェンヌ 110

韓流ロワイヤル 111

Hot Cocktail
体が温まるホットカクテル

ホットワイン　112
ホットバターラム　114
ゴディバアイリッシュクリーム　115
プラムティー　116
ゆずと焼酎のホットカクテル　117

Part 3
気分はお酒！
ノンアルコールカクテル

真夏のスペイン　120
レモネード　122
シャーリー・テンプル　123
サラトガクーラー　124
マンゴーオレンジ　125
バージンブリーズ　126
バージン・ピニャコラーダ　127
マーマレードラッシー　128
ミルクセーキ　130
真昼のシンデレラ　131
ホットぜんざい　132
マーマレードティー　133

Part 4
おしゃれでカンタン
カクテルのおとも

ドライフルーツと生ハムのピンチョス　138
くるみとブルーチーズのディップ　138
きゅうりの塩昆布和え　140
セロリの梅肉はちみつ和え　140
ミニトマトのペペロンサラダ　141
さつま揚げと桜えびのスイートチリソース和え　141
キムチとチーズのホイル焼き　142
チーズせんべい　143
オイルサーディンのイタリアングラタン　144
豆サラダサンド　146
マルゲリータ風トースト　147
ブランデーアラモード　148
ドライフルーツたっぷりのクリームチーズ　150
サングリアのドライプルーン　151

Column

かわいいグラスカタログ　080
集めたくなるミニチュアボトル　118
身近な道具を使ったコツ　134
一歩上級、プロのテクニック　136
おいしいお酒を飲みに、バーに行ってみよう！　152
カクテル用語辞典　154
スピリッツ・リキュール別索引　156
割り物別索引　158

この本で使っているお酒

スピリッツ

左から
* **ラム** サトウキビを原料とする蒸留酒。芳醇な香りでお菓子作りにもよく使われる。濃厚な風味のダークラムと、あっさりとしたホワイトラムがある。 マイヤーズラム オリジナルダーク 1350円／700㎖
* **ジン** 穀物を原料とする蒸留酒で、ジュニパーベリーというスパイスの香りが特徴。代表的なカクテルはマティーニやジントニック。タンカレー ドライジン 1680円／750㎖
* **テキーラ** メキシコ周辺に自生する多肉植物が原料の蒸留酒で、独特の香りがある。ゴールドとシルバーがあり、カクテル作りにより向いているのはシルバー。なければゴールドでも可。 クエルボ テキーラ ゴールド 1850円／750㎖
* **ウォッカ** 穀物も原料とする蒸留酒。蒸留後、白樺の炭でろ過するため、無味無臭でクセがなく、さまざまなカクテルのベースに使われる。 スミノフ ウォッカ 40° 1050円／750㎖

本書のカクテルレシピは、ワインやビールをはじめ、
コンビニや街の酒屋さんで買えるお酒を使っています。
ここでは、その中でも基本となるスピリッツと、
女の子が好きなリキュールを紹介。
どれもソーダやジュースで割るだけでカクテルになるものばかり。
これから揃えてみようと思っている人は、
まずはこの中から選ぶのがおすすめです。
お気に入りを見つけて、おうちカクテルを楽しんでください！

リキュール

左から
* **カシスリキュール** カシス（黒スグリ）風味のフルーツリキュール。 ルジェ クレーム ド カシス 1560円／700㎖
* **カンパリ** ビターオレンジやハーブなど、数十種類の材料を漬け込んで作られる甘くほろ苦いリキュール。 カンパリ 1890円／1000㎖
* **コーヒーリキュール** 代表的な銘柄はメキシコ産のカルーアで、バニラの甘い香りが特徴的。 カルーア コーヒーリキュール 1280円／700㎖
* **ライチリキュール** ライチのフルーティーな香りとさわやかな甘みは、柑橘系のジュースと相性抜群。 ディタ 2690円／700㎖
* **アマレット** アーモンドの香りがする、イタリア産のリキュール。アマレット ディ サローノ 1780円／700㎖
* **アイリッシュクリーム** クリームとアイリッシュ・ウィスキーを原料とするまろやかなリキュール。 ベイリーズ オリジナル アイリッシュ クリーム 1680円／700㎖

＊価格は全て編集部調べ

この本でおもに使用している道具と小物

小さじ、大さじ

スピリッツやリキュール、少量の果汁やシロップをはかるのに使います。液体をはかるときはすりきりではなく、表面張力で保たれるギリギリいっぱいまで入れて、1杯です。

スプーン

グラスに入れた材料を混ぜるのに使います。深めのグラスでも混ぜやすいよう、柄が長いものを用意しましょう。すくう部分が狭いものより、広めのものが混ぜやすくてベター。

密閉容器

カクテルの材料を入れて、振って混ぜる（シェイクする）のに使います。中身が漏れないよう、ふたがきちんと閉まる、容量500㎖程度のものが使いやすいでしょう。

すりこぎ棒

フルーツなどを潰すのに使います。密閉容器（左記）の中で潰すことが多いので、容器に合った大きさのものを選んで。ミキサーを使ってもOKですが果実感は少なめになります。

017

この本で使用している道具は、
100円ショップや雑貨屋さんで購入できるものばかり。
自分だけのカクテルセットを揃えてみてはいかが？

グラス

ほとんどのカクテルには容量250〜300mlほどのものを、ジュースなどで割らずリキュールの味を楽しむカクテルには容量150〜200mlほどのものを使用しています。

アイスペール、トング

卓上で自由にカクテルを作るなら、アイスペール（氷の容器）とトングがあると便利です。トングは氷をつかむ部分がギザギザのほうが、氷がすべりにくくおすすめ。

マドラー、ストロー

フルーツのカクテルや、ジャムを使ったカクテルには、混ぜながら飲めるようマドラーやストローがあると便利です。カラフルなマドラーやストローで、見た目も華やかに。

コースター

冷たいカクテルは、時間がたつとグラスに水滴が。コースターを敷くとテーブルが汚れずスマートです。ホームパーティでいろいろな種類を用意すれば、選ぶ楽しみもあって◎。

おうちカクテルの
カンタン基本テクニック

グラスに注ぐ

炭酸入りのドリンクを注ぐときは、氷にあたらないように注ぎます。こうすると炭酸が抜けず、シュワッとした飲み口に仕上がります。

グラスで混ぜる

スプーンをグラスの底まで入れ、氷をグラスの上に出すくらいグッと持ち上げます。液体の対流が起きて、素早く全体が混ざります。

カンタンシェイク

ギュッ

❶ 材料を入れた密閉容器に、材料と氷を容器の高さの半分くらいまで入れます。

❷ ふたをして両手で押さえ、体重をかけてしっかりと閉めます。

❸ ふたを指で押さえて20〜30秒振ります。材料がなじみ、おいしいカクテルが完成。

手軽に、楽しく!
おうちカクテルに使える便利な材料

ガムシロップ　　ポーションミルク

おいしいカクテル作りに欠かせない、
シンプルなコツとテクニックを紹介します。
プロのバーテンダーも、小さなコツを積み重ねて
おいしいカクテルを作っているんですよ!

果物を潰す

フレッシュフルーツのカクテルを作るときのテクニック。果物の形がほとんどなくなるくらいに、すりこぎ棒でよく潰します。

レモン、ライムを搾る

レモンやライムを搾り入れるときは、果肉に切り目を入れてから搾ります。そのまま搾るよりも少ない力で、果汁がしっかりと搾れます。

シロップを沈める

❶スプーンにシロップを入れ、グラスの内側にスプーンをあててシロップを流し入れます。

❷スプーンを底まで入れ、好みの高さに小刻みに上下させると美しいグラデーションに。

レモン果汁 　　いちごジャム

少量しか使わないシロップやクリームは、ポーションタイプのものが便利。レモンは、生のものがなければリキッドタイプでOKです。色づけに使うグレナデンシロップ(ざくろの赤いシロップ)は、いちごジャムを水で溶いて代用しましょう。

この本の使い方

材料
1/2 など、分数のみの表記は、できあがりの量に対してその材料を使う割合です。また、スピリッツやリキュールの量は目安です。初めて作るカクテルは味見をして、好みの強さに調整するのがおすすめです。氷は適宜使用してください。

アルコール度数の目安
★…弱め。お酒に弱い人は、星ひとつを目安に。
★★…少し強め。飲みすぎには注意しましょう。
★★★…かなり強め。お酒に強い人におすすめします。

アドバイス
このカクテルを作るときのコツや、バリエーションを紹介しています。

ミニコラム
このカクテルや、使用しているお酒にまつわるコラムです。

この本で使っている道具、器具
●小さじ1は5mℓ、大さじ1は15mℓ、1カップは200mℓです。
●電子レンジは500Wのものを、トースターは1000Wのものを使用しています。調理時間は目安です。お使いの器具によって仕上がりが異なる場合がありますので、様子をみながら加減をしてください。

Part 1

食事に合わせやすい すっきり、さっぱりカクテル

Panache
パナシェ ✦

夏にぴったりのさっぱりしたビアカクテル。
休日の昼下がりにのんびり一杯いかが？

材料（1杯分）
- ビール…1/2
- レモンソーダ…1/2

作り方：レモンソーダをグラスに注ぎ、ビールを加えて軽く混ぜる。

> **Advice** レモンソーダの代わりにサイダーにレモン汁を加えても。レモンスライスを入れてもよいでしょう。炭酸が苦手な人は、レモンソーダをレモネードにするとやさしい口あたりに。

「パナシェ」とはフランス語で「混ぜ合わせた」という意味。

Part 1
すっきりさっぱりカクテル

023

Red Eye
レッドアイ ✻

ビールをトマトジュースで割ったヘルシーな一杯。
好みで塩、こしょうなどを加えても美味。

材料（1杯分）
- ビール…1/2
- トマトジュース…1/2

作り方：トマトジュースをグラスに注ぎ、
ビールを加えて軽く混ぜる。

Advice
スプーンで下から上へ一度混ぜるだけで十分です。混ぜすぎると炭酸が飛び、味が落ちるので注意。注ぐときに、一瞬だけ高めの位置から注ぐと泡がきれいにできます。

「レッドアイ」はお酒に酔ったときの赤く充血した目を表すといわれています。

Shandy Gaff
シャンディーガフ ✳

古くからイギリスのパブで親しまれてきたカクテル。
渇いたのどを爽快にうるおしてくれます！

材料（1杯分）
- ビール…1/2
- ジンジャーエール…1/2

作り方：ジンジャーエールをグラスに注ぎ、ビールを加えて軽く混ぜる。

> Advice 通常は甘口のジンジャーエールを使いますが、好みで辛口のジンジャーエールを使っても。

本場イギリスでは、アルコール分の高いエールと、しょうがを発酵させて作ったノンアルコールのジンジャービアを使います。

すっきりさっぱりカクテル

Pineapple Beer
パイナップルビア ✦

ビーチで飲みたくなるようなトロピカルビアカクテル！
ビールの苦みが苦手な人にも。

材料（1杯分）
- ビール…1/2
- パイナップルジュース…1/2

作り方：パイナップルジュースをグラスに注ぎ、ビールを加えて軽く混ぜる。

Advice マンゴージュースで割るのもおすすめ。果汁100%のジュースを使うと、よりおいしい仕上がりに。

Sunday Brunch
サンデーブランチ ✶

さっぱりとした甘みで飲みやすい！
アルコール度数も低く、休日のブランチのおともに。

> **Advice** 白ワインと甘みのないソーダで作る「スプリッツァー」というカクテルの変形版です。

材料（1杯分）
- 白ワイン…1/2
- サイダー（甘みのあるもの）…1/2
- スライスレモン（飾り用）…1枚

作り方：グラスに白ワインとサイダーを入れて軽く混ぜる。スライスレモンを飾る。

← Part 1 →
すっきりさっぱりカクテル

Mimosa
ミモザ ✴

初夏に咲くミモザの花をイメージさせる
さわやかなワインカクテル。食前酒におすすめ。

材料（1杯分）
- シャンパンまたはスパークリングワイン…2/3
- オレンジジュース…1/3

作り方：オレンジジュースをグラスに注ぎ、シャンパンまたはスパークリングワインを加えて軽く混ぜる。

Advice　オレンジジュースをグレープフルーツジュースに替えると「ホワイトミモザ」になります。

フランスの上流階級の間では、昔からミモザは「シャンパン・ア・ロランジュ」（オレンジジュース入りのシャンパン）として親しまれてきました。

Garden Siesta
ガーデンシエスタ ★★

シェイクすることで、マーマレードの果肉感が引き立ちます。
昼下がりにテラスで飲みたいカクテル。

― Part 1 ―
すっきりさっぱりカクテル

材料（1杯分）
- 白ワイン…グラス1杯分
- マーマレード…大さじ2

作り方：密閉容器に材料と氷を入れてシェイクし（→p.18参照）、氷が入らないようにグラスに注いで新しい氷を入れる。

Advice　お好みでレモン果汁を少し加えたり、マーマレードをブルーベリージャムに替えてみるのもおすすめ（p.28写真左）。

Jelly Wine
ジェリーワイン ☀

クラッシュゼリーのぷるぷるした食感が楽しい
デザート感覚のカクテル。太めのストローを添えて。

材料（1杯分）
- 赤ワイン…1/2カップ
- ぶどうゼリーまたはりんごゼリー（3連パック・ゆるめのもの）…2個（約150g）
- シロップまたははちみつ（好みで）…適量

作り方：材料を密閉容器に入れ、氷を入れてごく軽くシェイクする（→p.18参照）。シェイクした氷が入らないように、新しい氷を入れたグラスに注ぐ。

Part 1
すっきりさっぱりカクテル

Lady's Kiss

貴婦人のキッス ✽

初恋の味に赤ワインを注いで、大人の恋の味に。
見た目にも素敵なカクテルです。

材料（1杯分）
- 赤ワイン…1/2
- 水で濃いめに割った「カルピス」…1/2

作り方：氷を入れたグラスに材料を入れてよく混ぜる。

Advice 時間がたつと二層に分かれるので、かき混ぜながら飲んで。「カルピス」を濃いめに作るのもおいしさのポイントです。

032

Screwdriver
スクリュードライバー ✶✶

口あたりがよく、ついつい飲みすぎてしまうカクテル。
ついた別名は「レディキラー」。

Part 1
すっきりさっぱりカクテル

材料(1杯分)
- ウォッカ…1/4
- オレンジジュース…3/4

作り方:氷を入れたグラスに材料を入れてよく混ぜる。

> **Advice** オレンジジュースをりんごジュースに替えると「ビッグアップル」、グレープフルーツジュースに替えると「ブルドック」(写真右)というカクテルになります。さらに、「ブルドック」のグラスのふちに塩をつける(→p.136参照)と「ソルティードック」に。

油田で働くアメリカ人が、「ねじ回し(スクリュードライバー)」でウォッカとオレンジジュースを混ぜて作ったカクテルだといわれています。

Mango Tea

マンゴーティー ✲✲

マンゴーの甘みと紅茶の香りにウォッカでほんのり刺激を。
フレーバーティー気分で楽しんで。

材料（1杯分）
- ウォッカ…1/4
- マンゴージュース…2/4
- 紅茶（無糖）…1/4

作り方：氷を入れたグラスに材料を入れてよく混ぜる。

Vodka & Soda
ウォッカソーダ ✸✸

ウォッカのきりりとした味をダイレクトに楽しむ
大人のカクテル。柑橘の酸味をきかせて。

Advice ソーダをサイダーなど甘みのついている炭酸飲料に替えても。

材料（1杯分）
- ウォッカ…1/4
- レモンまたはライム果汁…大さじ1/2～1
- ソーダ…3/4
- カットレモンまたはライム（飾り用）…1切れ

作り方：氷を入れたグラスにウォッカとレモンまたはライム果汁を入れて混ぜてから、ソーダを注いで軽く混ぜる。カットレモンまたはライムを飾る。

Moscow Mule

モスコミュール ✦✦

ライムのさわやかな香りと爽快な酸味が味わえるのは
手作りならでは。「こんなにおいしい飲み物だったの!」と驚くはず。

~ Part 1 ~
すっきりさっぱりカクテル

037

> **Advice** すりおろしたしょうがを加えると
> よりスパイシーに。

材料（1杯分）
- ウォッカ…1/4
- ライム果汁…小さじ1
- ジンジャーエール…3/4
- ライムの皮（飾り用）…1切れ

作り方：氷を入れたグラスにウォッカとライム果汁を入れて混ぜてから、ジンジャーエールを注いで軽く混ぜる。ライムの皮を飾る。

ミュールはラバ（雄ロバと雌馬の交雑種）のことで、後ろ足で蹴るラバにちなみ、「強いアルコール分を持つお酒」という意味があります。

Gin & Tonic
ジントニック ★★

シンプルでさわやかな定番カクテル！
乾いたのどをうるおすのにぴったり。

材料（1杯分）
- ジン…1/4
- ライム果汁…大さじ 1/2 ～ 3/4
- トニックウォーター…3/4
- ライムの皮（飾り用→ p.134 参照）…1 枚

作り方：氷を入れたグラスにジンとライム果汁を入れて混ぜてから、トニックウォーターを注いで軽く混ぜる。ライムの皮を飾る。

Advice トニックウォーターを半量にし、ソーダを加えると「ジンソニック」というカクテルに。ソーダが入ることで甘さが抑えられ、よりさっぱり！トニックウォーターをソーダのみに替えると「ジンリッキー」に、ジンジャーエールに替えると「ジンバック」に。

トニックウォーターは、ソーダに香草、レモン、ライム、オレンジなどの果皮のエキスと糖分を配合した飲み物。

Orange Bouquet
オレンジブーケ ✦✦

ジンの苦みやアルコール分がオレンジジュースで
飲みやすくなります。ホームパーティにも。

Advice このレシピの元となっている「オレンジブロッサム」は、プロのバーテンダーでもおいしく作るのは難しいといわれている、シェイクして作るカクテル。おうちで作るときはグラスでよく混ぜるのがベターです。

材料（1杯分）
- ジン…1/4
- オレンジジュース…3/4

作り方：氷を入れたグラスに材料を入れてよく混ぜる。

≫ Part 1 ≪
すっきりさっぱりカクテル

041

Beauty Cocktail
綺麗☆カクテル ✶✶

休日に、朝から飲みたくなるさわやかさ。
ビタミンCたっぷりのレモン飲料で日焼けやシミ対策にも！

> **Advice** 酸味が強く感じる場合は、お好みでソーダを入れると飲みやすくなります。

材料（1杯分）
- ジン…1/4
- レモン風味ビタミンドリンク…3/4
- シロップ…適量

作り方：氷を入れたグラスにジン、レモン風味ビタミンドリンクを入れ、シロップで味をととのえてよく混ぜる。

Gin & Apple
ジンアップル ✹✹

りんごの甘みとほどよく溶けた氷の水で、ジンの風味がまろやかに。ジュース感覚で飲めてしまいます。

材料（1杯分）
- ジン…1/4
- りんごジュース…3/4

作り方：氷を入れたグラスに材料を入れてよく混ぜる。

Gin & Lime
ジンライム ✦✦✦

ジンとライムの相性のよさが実感できる定番カクテル。
食事中のアルコールとしてもおすすめ。

材料（1杯分）
- ジン…大さじ3
- ライム果汁…大さじ1
- シロップまたは粉砂糖…小さじ1
- カットライム（飾り用）…1切れ

作り方：氷を入れたグラスに材料を入れてよく混ぜる。カットライムを飾る。

🌸 密閉容器に材料と氷を入れ、約30秒シェイクしてカクテルグラスに注ぐと「ギムレット」になります。

Beach Girl
ビーチガール ✶✶

ライチの香りがふんわり漂います。
南国のビーチで飲みたくなるようなフルーティなカクテル。

材料（1杯分）
- テキーラ…大さじ1と1/2
- ライチリキュール…小さじ1
- パイナップルジュース…グラス1杯分
- チェリー（缶詰・飾り用）…適量

作り方：氷を入れたグラスにチェリー以外の材料を入れてよく混ぜ、チェリーを飾る。

Advice メキシコ原産のスピリッツであるテキーラは、暑い日に飲むとよりおいしく感じます。南国産フルーツのリキュールやジュースとマッチ。

Part 1
すっきりさっぱりカクテル

Broadway Thirst
ブロードウェイ・サースト ***

いいお芝居を観たら飲みたくなりそうな名前のカクテル。
ブロードウェイらしい華やかな色合いです。

材料（1杯分）
- テキーラ… 大さじ2
- オレンジジュース…大さじ1
- レモン果汁…大さじ1
- シロップまたは粉砂糖…小さじ1

作り方：密閉容器に材料と氷を入れてシェイクし(→p.18参照)、シェイクした氷が入らないように、新しい氷を入れたグラスに注ぐ。

ロンドンの「サヴォイ・ホテル」で生まれたカクテル。ブロードウェイへの憧れを募らせていたのか……。

Strawberry Sunrise
ストロベリー・サンライズ ✦✦

メキシコの朝焼けをイメージした美しいグラデーション。
いちごジャムの甘さがふんわりと広がります。

Advice 「テキーラサンライズ」のグレナデンシロップの代わりに、いちごジャムを使います。底に沈んだいちごジャムを静かに混ぜるときれいなグラデーションに。

材料（1杯分）
- テキーラ…1/4
- オレンジジュース…3/4
- いちごジャム…小さじ1～2
- 水…小さじ1～2

作り方：❶いちごジャムを電子レンジに10～20秒ほどかけてやわらかくし、水を加えて混ぜる。❷氷を入れたグラスにテキーラ、オレンジジュースを入れてよく混ぜる。❸1のいちごジャムを入れて沈め（→p.19参照）、底から3分の1くらいを混ぜる。

Part 1
すっきりさっぱりカクテル

047

Advice 塩とテキーラは相性がよい組み合わせ。グラスのふちに塩をつける際は、水ではなくレモンやライムを使うとつきがよくなります。

Citron Frappe

シトロンフラッペ ✶✶

テキーラとかき氷をミックスしたデザートカクテル。溶けかけもまた美味。

材料（1杯分）
- テキーラ…大さじ1〜2
- レモンかき氷（市販品）…1個（約150㎖）
- レモンまたはライム…適宜
- 塩…適量

作り方：❶レモンかき氷にテキーラをかけ、常温でお好みのやわらかさになるまで混ぜる。❷グラスのふちにレモンまたはライムの切り口をあてて果汁をつけてから塩をつける（→p.136参照）。1をグラスに入れ、スプーンを添える。

Virgin Heart
乙女の気持ち ✴

かわいらしいピンクのグラデーションがキュート。
すっきり甘くて、ちょっぴりほろ苦い味わいです。

カンパリは薬酒として作られていたイタリアのリキュール。オレンジピール、コリアンダー、シナモンなど30種類以上のハーブが入っています。

Part 1
すっきりさっぱりカクテル

材料（1杯分）
- カンパリ…大さじ1
- 「カルピス」…大さじ2
- ソーダ…グラス1杯分

作り方：氷を入れたグラスにカンパリと「カルピス」を入れてよく混ぜてから、ソーダを注いで軽く混ぜる。

Campari & Soda
カンパリソーダ ✶✶

カンパリの苦みとほのかな甘みを味わえるポピュラーなカクテル。食前酒にもおすすめ。

材料（1杯分）
- カンパリ…1/4
- レモン果汁…大さじ1
- ソーダ…3/4
- レモンの皮（飾り用→p.134参照）…3枚

作り方：氷を入れたグラスにカンパリ、レモン果汁を入れて混ぜてから、ソーダを注いで軽く混ぜる。レモンの皮を飾る。

→ Part 1 →
すっきりさっぱりカクテル

051

Spumoni

スプモーニ ★★

グレープフルーツのほろ苦さがカンパリの風味とマッチ。
立ち上るグラスの泡を楽しんで。

材料（1杯分）
- カンパリ…1/4
- グレープフルーツジュース…2/4
- トニックウォーター…1/4

作り方：氷を入れたグラスにカンパリとグレープフルーツジュースを入れてよく混ぜてから、トニックウォーターを注いで軽く混ぜる。

スプモーニはイタリア語で「泡立つ」という意味があります。

Litchi & Grapefruit
ライチ・グレープフルーツ ✴

ライチキュールとグレープフルーツのフルーティなカクテル。
ふんわりと香るライチでリゾート気分に。

材料（1杯分）
- ライチキュール…1/4
- グレープフルーツジュース…3/4

作り方：氷を入れたグラスに材料を入れてよく混ぜる。

→ Part 1 ←
すっきりさっぱりカクテル

053

Advice　ライチリキュールはフランスの「ディタ」や「パライソ」が有名。ブルーキュラソーを小さじ1程度加えると「チャイナブルー」（写真左）に。美しい青に、気分はアジアンリゾート！

ライチは唐の玄宗皇帝の寵姫、楊貴妃が愛したフルーツとして知られています。

Litchi Fizz

ライチフィズ ✷✷

ライチとジンの香りがベストマッチ！
少し強めのカクテルで、のどごしはすっきり。

材料（1杯分）
- ライチリキュール…1/4
- ジン…1/4
- レモン果汁…大さじ1
- シロップまたは粉砂糖…小さじ1
- ソーダ…2/4
- スライスレモン（飾り用）…1枚

作り方：氷を入れたグラスにソーダとスライスレモン以外の材料を入れてよく混ぜてから、ソーダを注いで軽く混ぜる。スライスレモンを飾る。

すっきりさっぱりカクテル

Litchi & Oolong Tea

ライチウーロン ✶

中国のお茶とフルーツの組み合わせ。
さっぱりして飲みやすいので、甘いものが苦手な人にもおすすめ。

材料（1杯分）
- ライチリキュール…1/4
- ウーロン茶…3/4

作り方：氷を入れたグラスに材料を入れてよく混ぜる。

Advice ティフィン（紅茶リキュール）を使った「ティフィンウーロン」もおすすめです。

Rum & Coke
ラムコーク ✶✶

お風呂上がりや暑い日にグッと飲み干したい、
さわやかなのどごしのカクテルです。

材料（1杯分）
- ラム…1/4
- ライム…1/4 カット（またはライム果汁大さじ 1/2 〜 3/4）
- コーラ…3/4

作り方：氷を入れたグラスにラムを入れ、ライムを搾り入れてそのままグラスに入れ、よく混ぜる。コーラを注いで軽く混ぜる。

Part 1
すっきりさっぱりカクテル

057

> **Advice** コーラで割るときは樽で熟成させた、コクのあるダークラム（茶色）を使うとよりおいしく。ソーダで割る「ラムソーダ」のときは、ホワイトラムを合わせるのがおすすめ。

「ラムコーク」は別名「キューバリバー（自由なキューバ）」。1898年のキューバの独立戦争時に、米軍少尉がラムにコーラを加えて飲んだのが始まりだそう。

Sweet Rum-chan
スイートラムちゃん ✣✣

いちごジャムの甘み、レモンの酸味、クセの強いラムの風味が溶け合って、飲みやすい仕上がりに。

材料（1杯分）
- ラム…1/4
- いちごジャム…大さじ1と1/2
- 水…大さじ1と1/2
- レモン果汁…小さじ1
- ソーダ…3/4
- ミントの葉（飾り用）…適量

作り方：❶いちごジャムを電子レンジに10〜20秒ほどかけてやわらかくし、水を加えて混ぜる。❷氷を入れたグラスにソーダとミントの葉以外の材料を入れてよく混ぜてから、ソーダを注いで軽く混ぜる。ミントの葉を飾る。

Part 1
すっきりさっぱりカクテル

Daiquiri on the Rocks
ダイキリ・オンザロックス ✦✦✦

真夏にふさわしい清涼感のある一杯。
冷凍庫で凍らせて、シャーベットにしてもおいしい！

材料（1杯分）
- ラム…大さじ3
- ライム果汁…大さじ1
- シロップまたは粉砂糖…小さじ1

作り方：密閉容器に材料と氷を入れて約15秒短めにシェイクし（→p.18参照）、シェイクした氷が入らないように、新しい氷を入れたグラスに注ぐ。

Advice 軽い味わいが好みなら、ライム果汁の代わりにレモン果汁を使うと、苦味が少なくなります。

「ダイキリ」はキューバにある鉱山の名前。作家のヘミングウェイがキューバで暮らしていた頃に愛したカクテルとしても知られています。

Sour for Adults
大人のサワー ★★★

ウイスキーにレモンの酸味とシロップの甘味をきかせて、
さっぱり飲みやすく仕上げます。

材料（1杯分）
- ウイスキー…大さじ2と1/2
- レモン果汁…大さじ1と1/2
- シロップまたは粉砂糖…大さじ1

作り方：氷を入れたグラスに材料を入れて長めに混ぜる。

→ Part 1 ←
すっきりさっぱりカクテル

061

Advice
長めに混ぜることでまろやかに。シェイクしてソーダを加えると「ジョン・コリンズ」というカクテルになります。ウイスキーのカクテルを作るときは、クセのないブレンデッドウイスキー(『角』や「バランタイン」など)がおすすめ。

Girls' Manhattan
ガールズ・マンハッタン ✲✲✲

甘さを抑えたキリリとした味わいのベースに、
アマレットの風味を加えてより女性的で飲みやすいカクテルに。

材料（1杯分）
- ウイスキー…大さじ3
- スイートベルモット…大さじ1
- アマレット…小さじ1
- チェリー（缶詰・飾り用）…1個

作り方：氷を入れたグラスにチェリー以外の材料を入れて長めに混ぜる。チェリーを飾る。

→ Part 1 ↔
すっきりさっぱりカクテル

063

Advice アマレットを加えて、カクテルの女王「マンハッタン」をアレンジ。クセのあるウイスキーを使ってもおいしく作れます。

Mint & Soda

ミントソーダ ✷

涼しげなミントの香りが炭酸にマッチした、夏にぴったりの簡単カクテル。ひと口飲むたびに気分リフレッシュ！

材料（1杯分）
- ミントリキュール…1/4 弱
- レモン果汁…大さじ 1 と 1/2
- ソーダ…3/4 強
- レモンの皮（飾り用→p.134 参照）…1 枚

作り方：氷を入れたグラスにミントリキュールとレモン果汁を入れてよく混ぜてから、ソーダを注いで軽く混ぜる。レモンの皮を飾る。

Advice ミントリキュールの代表的な銘柄は「ジェット27」。「ジェット」は考案者の名前に由来します。

Part 1
すっきりさっぱりカクテル

Suze & Water
スーズウォーター ✴

アルコール度数が低く、スポーツドリンクのような口あたり。
飲みすぎた次の日でも、飲めてしまう軽さ。

材料（1杯分）
- スーズ…1/3
- レモン果汁…大さじ1と1/2
- 水…2/3

作り方：氷を入れたグラスに材料を入れてよく混ぜる。

> 「スーズ」はピカソの愛したフランス原産の薬草リキュール。植物の根が主原料で、消化促進作用があり、フランスでは食前酒として飲まれます。

Columbia
コロンビア ✻✻

コーヒーと焼酎のほろ苦さがマッチ。
好みでシロップや生クリームを加えても美味!

> **Advice** 焼酎には製法の違いにより「甲類」と「乙類」があります。すっきりとした「甲類」はサワーなどに向き、「乙類」は原料の風味を生かしたロックやお湯割りが向いています。「コロンビア」はコーヒーの風味が強いので、クセのない「甲類」がおすすめ。

材料(1杯分)
- 焼酎…1/4
- ブラックコーヒー…3/4

作り方:氷を入れたグラスに材料を入れてよく混ぜる。

Part 1
すっきりさっぱりカクテル

All-Nighter
今夜は朝まで ✳

しそ焼酎の香りとアセロラの酸味があとをひく、さわやかな一杯。
ひと晩中ガールズトークに花を咲かせて。

材料（1杯分）
- しそ焼酎（鍛高譚(たんたかたん)）…1/3 弱
- アセロラジュース…2/3 強

作り方：氷を入れたグラスに材料を入れてよく混ぜる。

Taste of First Love
初恋の味 ✶

独特のクセがあるマッコリにレモンを加えれば、
フレッシュで飲みやすい味わいに。好みでソーダを注いでも。

材料（1杯分）
- ●マッコリ…グラスの1/4
- ●レモンシロップ（レモン果汁とシロップを好みの割合で混ぜる）…グラスの1/4

作り方：グラスにレモンシロップを入れ、マッコリを注いでよく混ぜる。

Part 1
すっきりさっぱりカクテル

Nadeshiko Rock
なでしこロック ✲✲

日本酒のほんのりとした甘みと、
ライムのキリリとした酸味の調和が絶妙な、和風カクテル。

材料（1杯分）
- 日本酒…グラスの 1/2
- コーデュアルライムジュース（甘みのついた保存用のシロップ。なければシロップとライム果汁各小さじ 1/2）…小さじ1
- ライムの皮（飾り用）…1枚

作り方：氷を入れたグラスに材料を入れてさっと混ぜる。ライムの皮を飾る。

Advice 日本酒とライム果汁を混ぜた「サムライロック（別名：サケライム）」を女性向けにアレンジしました。混ぜすぎると水っぽくなってしまうので、手早く混ぜるのがポイント。

Fresh Fruit & Herb
フレッシュフルーツ&
ハーブのカクテル

女の子が大好きな、旬のフルーツやハーブを使ったカクテル。
おいしくって肌にもよさそう!

Grapefruit with Pepper
グレフルペッパー ★★

穏やかな辛みのピンクペッパーが、見た目と味のアクセント。
フレッシュグレープフルーツでウォッカがまろやかに。

Advice グレープフルーツは果汁が全部出るまでしっかり潰すのがポイント。

材料（1杯分）
- ウォッカ…大さじ2
- グレープフルーツ…1/4個
- シロップ…小さじ1/2～1
- ピンクペッパー…ティースプーン1杯＋飾り用少々

作り方：❶皮をむきひと口大に切ったグレープフルーツとピンクペッパーを密閉容器に入れ、すりこぎ棒でよく潰す。❷ウォッカとシロップ、氷を加えてシェイクする（→p.18参照）。❸氷が入らないようにグラスに注ぎ、ピンクペッパーを飾る。

Bulgarian Orange
ブルガリアオレンジ ✶✶

飲むヨーグルトの甘みとフレッシュオレンジの酸味がさわやか。
スパイシーなジンの香りがクセになりそう。

材料（1杯分）
- ジン…大さじ1
- オレンジ…1/2個
- 飲むヨーグルト…大さじ1と1/2
- シロップ…小さじ1〜2

作り方：❶密閉容器に皮をむいてひと口大に切ったオレンジを入れ、果汁が全部出るまですりこぎ棒で潰す。❷ヨーグルト、ジンを加え、シロップで味をととのえる。❸氷を加えてシェイクし（→p.18参照）、シェイクした氷が入らないように、新しい氷を入れたグラスに注ぐ。

Rum & Kiwi
ラムキウイ ✹✹

キウイのつぶつぶとした食感とグレープフルーツの酸味が
グッドバランス！

材料（1杯分）
- ラム…大さじ1と1/2
- キウイ…1個
- グレープフルーツジュース…大さじ1
- シロップ…小さじ1〜2
- スライスしたキウイ（飾り用）…1枚

作り方：❶皮をむいて1.5cm角に切ったキウイを密閉容器に入れ、すりこぎ棒で形がなくなるまで潰す。❷ラム、グレープフルーツジュースを加え、シロップで味をととのえる。❸氷を加えてシェイクし（→p.18参照）、グラスに注ぐ。キウイを飾る。

Peach Wine
桃ワイン ★★

女の子が大好きなピーチのカクテル。
色がかわいくっておうちデートにもおすすめ。

Advice ミキサーで桃を潰して、白ワインの代わりにシャンパンを注ぐと「ベリーニ」というカクテルに。色づけにグレナデンシロップを加えることも。

Fresh Fruit & Herb
フレッシュフルーツ&ハーブのカクテル

075

材料（1杯分）
●白ワイン…大さじ1と1/2
●桃…1/2個

作り方：❶密閉容器に皮をむいてひと口大に切った桃を入れ、すりこぎ棒でよく潰す。❷白ワインと氷を加えてシェイクし（→p.18参照）、シェイクした氷が入らないように、新しい氷を入れたグラスに注ぐ。

ベリーニとはルネッサンス期の画家の名前で、1948年にベネチアで開催されたベリーニ展を記念して、地元バーの経営者が考案しました。

Mini Tomato Cocktail
ミニトマトのカクテル ✶✶

トマトの甘みを引き立てたナチュラルでやさしい味。
好みでさらにシロップを加えても。

材料（1杯分）
- ウォッカ…大さじ1と1/2
- ミニトマト…4〜5個
- シロップ…小さじ1
- ミニトマト（飾り用）…1個

作り方：❶密閉容器にミニトマトを入れ、すりこぎ棒でよく潰す。❷ウォッカ、シロップと氷を加えてシェイクし（→p.18参照）、シェイクした氷が入らないように、新しい氷を入れたグラスに注ぐ。ミニトマトを飾る。

Fresh Fruit & Herb
フレッシュフルーツ&ハーブのカクテル

Berry & Chocolat
ベリーショコラ ✶✶

お菓子のような、いちごとチョコの組み合わせ。
クランベリージュースの甘酸っぱさがアクセントに。

> **Advice** 代表的なチョコレートリキュールには、「ゴディバ」と「モーツァルト」があります。

材料（1杯分）
- ウォッカ…小さじ1と1/2
- いちご…5粒くらい
- クランベリージュース(またはアセロラジュース)…小さじ1と1/2
- シロップ…小さじ1～1と1/2
- チョコレートリキュール…適量

作り方：❶密閉容器にへたを取ったいちごを入れ、すりこぎ棒で形がなくなるまでよく潰す。❷ウォッカ、クランベリージュース、シロップを入れて味をととのえる。❸氷を加えてシェイクし（→p.18参照）、グラスに注いでチョコレートリキュールをかける。

Côte d'Azur
コート・ダジュール ✴✴

バカンス気分で飲みたいオレンジリキュールのカクテルは、たっぷりのミントがポイント！

材料（1杯分）
- コアントロー…大さじ2～2と1/2
- ミントの葉…20枚（グラスにふんわりと入れて半分の高さになるくらい）
- レモン果汁…大さじ1
- ソーダ…グラス1杯分
- ミントの葉（飾り用）…適量

作り方：❶小さめのボウル、もしくはボウル形の器にミントを入れ、すりこぎ棒でよく潰す。❷コアントローとレモン果汁を加えてよく混ぜ、グラスに移す。❸氷を入れ、ソーダを注いで軽く混ぜる。ミントの葉を飾る。

Advice ミントが余ったら、かぶるくらいのはちみつやシロップに1週間くらいつけておけば、ミント風味のシロップが完成。好みのスピリッツと合わせてソーダで割れば、さわやかな一杯に！

Fresh Fruit & Herb

079

フレッシュフルーツ&ハーブのカクテル

おうちカクテルがもっと楽しくなる！
かわいいグラスカタログ

脚のついたワイングラスやカクテルグラス、ころんとかわいい丸みのあるグラス、安定感のあるロックグラス、小さなウイスキーグラスなどなど。かわいい形のグラスがひとつあれば、おうちカクテルもちょっとおしゃれな表情に変身します。みんなでそれぞれ違うグラスを使うのも、にぎやかで楽しげ。

Part 2

デザートにもぴったり まろやかスイートカクテル

Kir Royal

キール・ロワイヤル ✲✲

女性らしさを演出するカシスのきれいな色が、おうちデートにぴったり。辛口のシャンパンできりっと仕上げるのがおすすめです。

材料（1杯分）
- カシスリキュール…大さじ1〜2
- シャンパン…グラス1杯分

作り方：グラスにカシスリキュールを入れ、シャンパンを少し注いでよく混ぜてから（炭酸が飛んでもよい）、残りのシャンパンを注いで軽く混ぜる。

Advice カシスリキュールが混ざりにくいので、シャンパンを2回に分けて入れます。2回目は上がってくる泡の力である程度混ざるので、混ぜすぎないように。カジュアルに楽しむならスパークリングワインを使ってもOK。

キールロワイヤルは、フランス・ブルゴーニュ地方の市長、キール氏が考案した、白ワインにカシスリキュールを加えた「キール」が元になっています。

→ Part 2 ←
まろやかスイートカクテル

Lily
リリー ✺

恋がかないそうなロマンチックな色とスイートな味が魅力的。
不思議と、百合のような香りがほのかにただよいます。

材料（1杯分）
- 白ワイン…2/4
- 桃ジュース…1/4 強
- アセロラジュース…1/4 弱

作り方：氷の入ったグラスに材料を注いでよく混ぜる。

Advice 白ワインをカクテルのベースとして使う場合は、さわやかなのどごしをいかしたものが多いので、高級品である必要はありません。手に入りやすいもので作ってみて。

Wine Cooler
ワインクーラー

オレンジやアセロラで甘酸っぱく仕上げました。
フルーツを飾ってかわいらしくしても。

材料（1杯分）
- 赤ワイン…1/3
- オレンジジュース…1/3
- アセロラジュース…1/3

作り方：氷を入れたグラスに材料を入れて混ぜる。

Advice　ワインクーラーは特定のレシピはなく、ワインに果汁や清涼飲料水を加えたものを指します。赤ワインを白ワインやロゼに変えても。

まろやかスイートカクテル

Dried Prune Sangria
ドライプルーンのサングリア ✲✲

プルーンのエキスが溶け出して、とろんとした口あたりに。
ポリフェノールたっぷりで、美容効果も期待できそう！

Advice
ワインにフルーツのフレーバーを加えたものを「サングリア」と呼びます。りんご、オレンジ、バナナなど手に入りやすいもので作ってみましょう。寝かせる際に、お好みではちみつを加えてもOK。赤ワインに漬かったプルーンはポリフェノール＆鉄分たっぷりのおつまみに（→p.151参照）。

材料（1杯分）
- 赤ワイン…3/4カップ
- ドライプルーン…2〜3個

作り方：ガラス瓶や密閉容器などに材料を入れて、1週間ほど冷蔵庫で寝かせる。プルーンをグラスに入れ、ワインを注ぐ。

Umeshu & Apple Juice
梅酒りんご ★★

甘みの中にブランデーのほろ苦さを感じる大人の味。
飲みやすいけれどアルコール度数は高めです。

Advice 長めに混ぜることでアルコールの強いブランデーがまろやかになり、口あたりがよくなります。

材料（1杯分）
- 梅酒…1/3
- ブランデー…1/3
- りんごジュース…1/3

作り方：氷の入ったグラスに材料を入れて長めに混ぜる。

Part 2
まろやかスイートカクテル

Umeshu Soda with Spanish Wind
梅酒ソーダにスペインの風を

甘い梅酒とマーマレードがさわやかにマッチ。
スペインのバレンシアオレンジをイメージして。

材料（1杯分）
- 梅酒…1/4 強
- マーマレード…大さじ1
- レモン果汁…大さじ1
- ソーダ…3/4 弱
- スライスレモン（飾り用）…1枚

作り方：グラスに梅酒、マーマレード、レモン果汁を入れてよく混ぜる。氷を入れてソーダを注ぎ、軽く混ぜる。スライスレモンを飾る。

Cassis & Milk
カシスミルク ✲

カシスの酸味が抑えられて、デザートみたいにミルキーな口あたり。
食後にぴったりです。

材料（1杯分）
- カシスリキュール…1/3
- 牛乳…2/3

作り方：氷の入ったグラスに材料を入れてよく混ぜる。

Part 2
まろやかスイートカクテル

089

Advice 密閉容器でシェイクすると（→p.18参照）、ふんわりとした飲み口で、さらにおいしくなります。

Cassis & Orange
カシスオレンジ ✺

甘酸っぱいミックスジュースみたいな味わい。
強いお酒は苦手な女性にも人気の定番カクテルです。

材料（1杯分）
- カシスリキュール…1/4
- オレンジジュース…3/4

作り方：氷の入ったグラスに材料を入れてよく混ぜる。

Advice オレンジジュースより酸味のあるアセロラジュースを加えた「カシスアセロラ」もおすすめ。

Part 2
まろやかスイートカクテル

Cassis Gelato
カシスジェラート

レモンの酸味がカシスの甘酸っぱさを引き立てる大人のかき氷。
暑い夏に涼しさを運びます。

材料（1杯分）
- カシスリキュール…大さじ2〜3
- みぞれ氷（氷菓）…1個（約150g）
- レモン果汁…小さじ1
- カットレモン（飾り用）…1切れ

作り方：ボウルにカットレモン以外の材料を入れ、よく混ぜながらみぞれ氷を崩す。シャーベット状になったらカクテルグラスに入れ、カットレモン、スプーンを添える。

Kahlua & Milk

カルーアミルク ✴

コーヒー牛乳感覚で飲めるコーヒーリキュールの定番カクテル。
懐かしい味わいに、気分もほっこり。

材料（1杯分）
- コーヒーリキュール（カルーア）…1/4
- 牛乳…3/4

作り方：氷を入れたグラスに材料を入れてよく混ぜる。

→ Part 2 →
まろやかスイートカクテル

093

Advice 牛乳を豆乳にするとヘルシーで、ソイラテのような味わいに。寒い季節は電子レンジで温めてホットカクテルにしても。

「カルーア」はコーヒーリキュールとして世界的に有名な銘柄。メキシコ高原地方で採れるアラビカ種の豆を使い、バニラ風味が豊かです。

Black Russian
ブラックルシアン ✦✦✦

コーヒーリキュールをダイレクトに味わう、
スイート&ビターな大人のカクテル。

材料（1杯分）
- コーヒーリキュール
  （カルーア）…1/3 強
- ウォッカ…2/3 弱

作り方：氷を入れたグラスに材料を入れて長めに混ぜる。

> **Advice** 生クリームを浮かべると「ホワイトルシアン」、ウォッカをブランデーに替えると「ダーティマザー」、カルーアをアマレットに替えると「ゴッドマザー」になるのでいろいろ試してみては？

Mexican Black
メキシカンブラック ✶✶

カルーアの甘みと黒ビールの苦みがベストマッチ。
すっきりしたのどごしで、後味もさわやかです。

材料（1杯分）
- コーヒーリキュール（カルーア）…1/4
- 黒ビール…3/4

作り方：グラスにコーヒーリキュールを入れ、黒ビールを少し加えてよく混ぜてから、残りの黒ビールを注いで軽く混ぜる。

Advice 通常のビールよりコクがありまろやかな黒ビールがおすすめです。

メキシコにはカルーアフレーバーのついた葉巻もあるほど、カルーアが人気です。

Baileys au Lait
ベイリーズオレ ✤

ミルクセーキ感覚で休日の朝からゴクッといきたくなる！
まろやかでクリーミーな口あたり。

材料（1杯分）
- アイリッシュクリーム（ベイリーズ）…1/3
- 牛乳…2/3

作り方：氷を入れたグラスに材料を入れてよく混ぜる。

> **Advice** ベイリーズはアイリッシュウイスキーをベースにフレッシュクリーム、カカオ、バニラのフレーバーを配合したクリームリキュール。ショットグラスにストレートで飲む、通の飲み方も試してみては？

日本ではまだあまり馴染みがありませんが、ベイリーズは世界で一番売れているリキュールです。

Pumpkin Pudding
パンプキンプディング

かぼちゃのつぶつぶした食感がおいしいデザートカクテル。
アルコールが入っているとは思えないまろやかさ！

Advice ケーキをヒントにしたカクテル。かぼちゃの代わりに、さつまいも、にんじんなど、好みの野菜で試してみて。

材料（1杯分）
- アイリッシュクリーム… 大さじ3
- かぼちゃ…1/10〜1/8個
- 牛乳…1/2カップ
- シロップ（好みで）…適量

作り方
❶かぼちゃは種を取ってラップで包み、完全にやわらかくなるまで電子レンジで加熱する。❷皮を取り、密閉容器に入れてすりこぎ棒で潰す。❸残りの材料を2に加え、よく混ぜる。❹氷を加えてシェイクし（→p.18参照）、シェイクした氷が入らないように、新しい氷を入れたグラスに注ぐ。

Chocola & Tea
チョコティー ✤

チョコレートと紅茶の香りがスイートなカクテル。
ビターなアーモンドチョコレートをおつまみにして。

> **Advice** チョコレートリキュールには、クリームの入ったものと、入っていないものが。どちらでもおいしく作れます。

材料（1杯分）
- チョコレートリキュール…1/3
- 紅茶（無糖）…2/3

作り方：氷を入れたグラスに材料を入れてよく混ぜる。

Rum & Chocola

ラムショコラ ✱✱✱

チョコレートドリンクのような見た目に反し、
アルコール度数は高め。香りの高さをゆっくりと楽しんで。

材料（1杯分）
- チョコレートリキュール…1/4カップ
- ダークラム（なければホワイトラム）…大さじ2

作り方：氷の入ったグラスにチョコレートリキュール、ラムを入れてよく混ぜる。

Advice クリームの入っていないチョコレートリキュールにレモン果汁とソーダを加えたカクテルも、すっきりとした味わいでおすすめ。

Rum & Pineapple
ラムパイン ✶✶

パイナップルの酸味と甘みがラムの味わいを引き出します。
フルーティな飲み口に、飲みすぎてしまいそう。

材料（1杯分）
- ホワイトラム（なければダークラム）…1/4
- パイナップルジュース…3/4

作り方：氷を入れたグラスに材料を入れてよく混ぜる。

Rum & Apple Tea

ラムアップルティー

甘い口あたりで、後味はすっきり。
よく晴れた昼下がりに飲みたくなります。

材料（1杯分）
- ホワイトラム（なければダークラム）…1/4
- りんごジュース…2/4 弱
- 紅茶（無糖）…1/4 強

作り方：氷を入れたグラスに材料を入れてよく混ぜる。

Advice ラムをウォッカに替えても合います。

Piña Colada
ピニャコラーダ ✲

プエルトリコの風を感じる、
パイナップルとココナッツの甘い香りのトロピカルカクテル。

材料（1杯分）
- ラム…1/4
- パイナップルジュース…2/4
- ココナッツミルク…1/4
- シロップ（お好みで）…適量

作り方：氷の入ったグラスに材料を入れてよく混ぜる。

～ Part 2 ～
まろやかスイートカクテル

> **Advice** 「マリブ」などのココナッツリキュールがある場合は、ラム、ココナッツリキュール、生クリーム、パイナップルジュースを4分の1ずつ入れて作ってみて。近い味わいに仕上がります。

「ピニャコラーダ」とはスペイン語で「パイナップル畑」という意味。プエルトリコで生まれたカクテルです。

Amaretto & Ginger
アマレットジンジャー ✳

ジンジャーエールの炭酸で後味はさっぱり。
お風呂上がりの一杯にもおすすめ。

Advice お好みで辛口のジンジャーエールで作っても。

材料（1杯分）
- アマレット…1/4
- ライム…1/6カット（またはライム果汁小さじ1/2）
- ジンジャーエール…3/4

作り方：氷の入ったグラスにアマレットを入れ、ライムを搾り入れてよく混ぜる。ジンジャーエールを注いで軽く混ぜる。

アマレットは、イタリア産のアーモンドフレーバーのリキュール。杏の核も使用していて、杏仁豆腐の香りづけにも使われます。

まろやかスイートカクテル

Tiramisu Cocktail
ティラミスカクテル ✶

デザートのティラミスと同様、マスカルポーネチーズを使った濃厚カクテル。食後のデザートにもおすすめ！

材料（1杯分）
- アマレット…大さじ1
- コーヒーリキュール（カルーア）…大さじ1
- 牛乳…1/2カップ
- マスカルポーネチーズ…大さじ2〜3
- シロップ（好みで）…適量
- ココアパウダー…適量

作り方：❶密閉容器にココアパウダー以外の材料を入れ、マスカルポーネチーズと液体が混ざるようによく混ぜる。❷氷を加えてシェイクする（→p.18参照）。❸氷が入らないようにグラスに注ぎ、茶こしを使って表面にココアパウダーをふりかける（→p.134参照）。

God-Father
ゴッドファーザー ✶✶✶

ウイスキーの深いコクにアマレットの甘い香りをプラスした大人のカクテル。溶けていく氷とともに味の変化を楽しんで。

材料（1杯分）
- アマレット…1/3
- ウイスキー…2/3

作り方：氷の入ったグラスに材料を入れて長めに混ぜる。

→ Part 2 ←
まろやかスイートカクテル

107

> Advice ウイスキーをウォッカに替えると「ゴッドマザー」というカクテルになります。

映画『ゴッドファーザー』が公開されてまもなく生まれたカクテル。舞台のシチリアにちなんで、イタリアの代表的なリキュール「アマレット」が使われています。

ベルモットハーフ&ハーフ ✦✦

Vermouth Half & Half

ナイトキャップにおすすめの一杯。
2種類のベルモットをミックスすることで味に深みが。

材料（1杯分）
- ドライベルモット…1/2
- スイートベルモット…1/2

作り方：氷の入ったグラスに材料を入れてよく混ぜる。

ベルモットはワインをベースに薬草を漬け込んで作られたイタリアのリキュールで、「チンザノ」が有名。

Fuzzy Navel

ファジーネーブル ✲

「曖昧なオレンジ」という名の女性に人気のカクテル。
ほんのりピーチの味が広がります。

材料（1杯分）
- ピーチリキュール…1/4
- オレンジジュース…3/4

作り方：氷の入ったグラスに材料を入れてよく混ぜる。

Advice フレッシュオレンジジュースで作るともっとおいしく、本格的に仕上がります。

Parisienne
パリジェンヌ ✶✶

フランス産のリキュール、コアントローを使ったカクテル。
女の子が好きな甘酸っぱい味で、きれいな色もごちそうに。

材料（1杯分）
- オレンジキュラソー（コアントロー）…1/3
- グレープフルーツジュース…1/3
- アセロラジュース…1/3

作り方：氷の入ったグラスに材料を入れてよく混ぜる。

- Part 2 -
まろやかスイートカクテル

Korean Royal
韓流ロワイヤル ✱✱

マッコリのまろやかでコクのある味わいと甘酸っぱいカシスが絶妙のハーモニー。キール・ロワイヤル（→p.82参照）の韓国版！

材料（1杯分）
- カシスリキュール…大さじ2
- マッコリ…グラス1杯分

作り方：グラスにカシスリキュールを入れ、マッコリを少し入れてよく混ぜてから、残りのマッコリを注いで軽く混ぜる。

Advice 糖分の多いカシスリキュールが沈むので、マッコリを2回に分けて混ぜるのがポイント。カシスの他、ピーチやパイナップルなどフルーツ系のリキュールを合わせても。ソーダで割るのもおすすめ。

Hot Cocktail
体が温まる ホットカクテル

寒い季節や、飲みすぎて体が冷えてしまったときは、
温かなカクテルでほっとひと息。

Advice シナモンパウダーを入れるのもおすすめ。香りがよく、体を温める作用もあります。他に、甘い香りのナツメグや、さわやかな香りのカルダモンなど、好みのスパイスを入れてオリジナルのホットワインを作ってみては？

Hot Wine
ホットワイン ✹✹

オレンジジュースとシロップの甘みにほっこり。
ゆっくり過ごす夜のおともに…。

材料（1杯分）
- 赤ワイン…2/3
- オレンジジュース…1/3
- シロップまたははちみつ…適量
- シナモンスティック（好みで）…1本

作り方：シナモンスティック以外の材料をすべて耐熱グラスに入れて電子レンジで約1分半加熱し、よく混ぜる。好みでシナモンスティックを添える。

Hot Butter Rum
ホットバターラム ✲✲

バターでコクのあるカクテルに。
甘いラムの香りが、心まで温めてくれます。

Advice お好みではちみつを加えたり、バニラビーンズをさやごと入れて甘い香りを移すのもおすすめ。

材料（1杯分）
- ダークラム（なければホワイトラム）…1/3
- 湯…2/3
- 角砂糖…1個
- バター…10g

作り方：耐熱カップにラムと湯を入れてよく混ぜ、角砂糖を加えてバターを浮かべる。

Hot Cocktail
体が温まるホットカクテル

Godiva Irish Cream
ゴディバアイリッシュクリーム

まるでカフェオレみたいなクリーミーな口あたり。
おともにはケーキやクッキーがぴったり。

材料（1杯分）
- アイリッシュクリーム…大さじ1
- チョコレートリキュール（ゴディバ）…大さじ1
- ホットコーヒー…マグカップ1杯分

作り方：マグカップに材料を入れてよく混ぜる。

Advice 濃いめにいれたホットコーヒーを使えば、ほろ苦い味わいに。

Plum & Tea
プラムティー ✳

梅酒に紅茶のフレーバーが加わり、上品な味わいに。
お休みの日のティータイムにも。

材料（1杯分）
- 梅酒…1/3
- 温かい紅茶（無糖）…2/3

作り方：耐熱カップに材料を入れて混ぜる。

> **Advice** 好きな紅茶で割って、相性のいい組み合わせを研究するのも楽しいですよ。

Hot Cocktail
体が温まるホットカクテル

Hot Shochu with Yuzu

ゆずと焼酎のホットカクテル ✷✷

ゆずの香りがふんわり漂い、リラックスしながらリフレッシュ！

Advice ゆずの皮を少しとっておいて、グラスのふちにこすりつけると、さらにいい香りが楽しめます。

材料（小さめの耐熱グラス1杯分）
- ゆず…1個
- 焼酎（JINROなどの甲類）…大さじ2
- グレープフルーツジュース…適量
- シロップ…適量

作り方：❶ゆずを搾って果汁を出す。皮は少しとっておく。❷耐熱グラスにゆず果汁、焼酎を入れ、グレープフルーツジュースを注ぐ。❸甘みが足りなければシロップを加え、電子レンジで約1分半加熱する。ゆずの皮を浮かべる。

気になるリキュールのお試しにもおすすめ！
集めたくなるミニチュアボトル

リキュールやブランデーには、ボトルやラベルのデザインが美しく、見ているだけでうっとりするものも。フルボトルのデザインを忠実に再現したミニチュアボトルは、気軽に購入でき、味を試すのにもぴったり。いくつか揃えると、おしゃれなインテリアにもなり、カクテルの楽しさが広がります。

上段左から、シャンボール リキュール、カルーア コーヒーリキュール、ルジェ クレーム ド カシス、コアントロー、ボンベイ・サファイア、モーツァルト ブラック チョコレート、カンパリ、ゴディバ チョコレートリキュール、スピリタス

Part 3

気分はお酒！
ノンアルコールカクテル

Spain in Mid-Summer
真夏のスペイン

イメージはスペインのバレンシアオレンジと白熱のトマト祭り！
朝から飲みたくなるヘルシードリンクです。

- Part 3 -
ノンアルコールカクテル

材料（1杯分）
- トマトジュース…1/3
- オレンジジュース…2/3

作り方：氷の入ったグラスに材料を入れてよく混ぜる。

Advice ウォッカやジンを加えてカクテルにしてもおいしく飲めます。

スペインでは毎年8月下旬に「ラ・トマティーナ」というトマトを投げ合うお祭りが開催されます。

Lemonade
レモネード

レモンのフレッシュな酸味は、後味さっぱり。
飲みすぎた後にもおすすめです。

材料（1杯分）
- レモン果汁…1/3 弱
- 水…2/3 強
- シロップ…適量

作り方：氷の入ったグラスにレモン果汁とシロップを入れてよく混ぜてから、水を加えてさらに混ぜる。

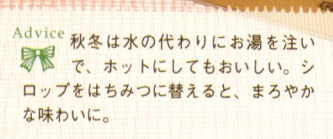

Advice 秋冬は水の代わりにお湯を注いで、ホットにしてもおいしい。シロップをはちみつに替えると、まろやかな味わいに。

Shirley Temple
シャーリー・テンプル

もともと子ども向けに作られたカクテル。
赤く染まったジンジャーエールで、ガーリーな気分に。

材料（1杯分）
- ジンジャーエール…グラス1杯分
- グレナデンシロップ…大さじ2
- スライスレモン（飾り用）…1枚

作り方：氷の入ったグラスにグレナデンシロップを入れ、ジンジャーエールを注いで軽く混ぜる。スライスレモンを飾る。

Advice グレナデンシロップはザクロの風味をつけた赤色のシロップ。なければ、電子レンジで加熱したやわらかいいちごジャムと水を1：1で割ったものを代用しても。

シャーリー・テンプルの名前は1930年代に活躍したアメリカの名子役にちなんだもので、子どもが飲めるように作られました。

> **Advice** ウォッカベースのカクテル「モスコミュール(→p.36参照)」のノンアルコール版。

サラトガクーラー
Saratoga Cooler

ライムの酸味とジンジャーエールのほのかな辛味がベストマッチ。甘さ控えめなので男性にも。

材料(1杯分)
- ライム果汁…小さじ1
- シロップ…小さじ1/2
- ジンジャーエール…グラス1杯分
- ライムの皮(飾り用→p.134参照)…1枚

作り方:氷の入ったグラスにライム果汁とシロップを入れてよく混ぜてから、ジンジャーエールを注いで軽く混ぜる。ライムの皮を飾る。

Mango & Orange
マンゴーオレンジ

女性が大好きなマンゴーとオレンジをミックス。
シンプルで飽きのこないおいしさ。

材料（1杯分）
● マンゴージュース…1/2
● オレンジジュース…1/2

作り方：氷の入ったグラスに材料を入れてよく混ぜる。

Virgin Breeze
バージンブリーズ

グレープフルーツとクランベリーのふたつの甘酸っぱさが
絶妙のバランス！ 目覚めの一杯にも。

Advice クランベリージュースが手に入らない場合は、アセロラジュースで作っても。

材料（1杯分）
- グレープフルーツジュース…1/2
- クランベリージュース…1/2

作り方：氷の入ったグラスに材料を入れてよく混ぜる。

ウォッカベースの「シーブリーズ」のノンアルコール版。本来はシェイクします。

Virgin Piña Colada
バージン・ピニャコラーダ

カリブの海を連想させるトロピカルな組み合わせ。
真夏の昼下がりをまったりと過ごしたいときに。

Advice ラムベースのカクテル「ピニャコラーダ(p.102)」のノンアルコール版。パイナップルジュースをマンゴージュースやグァバジュースなど、別の南国産フルーツジュースに替えてもおいしい!

材料(1杯分)
- パイナップルジュース…2/3
- ココナッツミルク…1/3
- シロップ…適量

作り方:氷の入ったグラスに材料を入れてよく混ぜる。

Marmalade Lassi

マーマレードラッシー

ヨーグルトとマーマレードでデザート風に。
ジャムのつぶつぶした食感で満足感じゅうぶん。

材料（1杯分）
- ●ヨーグルト…大さじ山盛り2
- ●マーマレード…大さじ3〜4
- ●牛乳…1/2カップ

作り方：グラスにヨーグルトとマーマレードを入れてよく混ぜてから、牛乳と氷を加えてさらに混ぜる。

→ Part 3 →
ノンアルコールカクテル

Advice マーマレードの他に、いちごジャム（写真右）やブルーベリージャムなど、いろいろ試してみて。

Milk Shake
ミルクセーキ

甘くて元気になる、バニラアイスのような懐かしい味。
ぜいたくなデザートドリンクです。

材料（1杯分）
- 牛乳…グラス1杯分
- 卵…1個
- はちみつ…大さじ1
- バニラエッセンス…2〜3滴

作り方：密閉容器に材料と氷を入れてよくシェイクし（→p.18参照）、シェイクした氷が入らないように、新しい氷を入れたグラスに注ぐ。

Advice いちごシロップなどのシロップを入れてフレーバーをつけてもおいしく、かわいい色に仕上がります。

Part 3
ノンアルコールカクテル

Cinderella at Noon
真昼のシンデレラ

3つのスタンダードなフルーツジュースをミックスした、複雑な酸味と甘みが魅力的。

材料（1杯分）
- オレンジジュース…1/3
- レモン果汁…1/3
- パイナップルジュース…1/3

作り方：氷を入れたグラスに材料を入れてよく混ぜる。

Advice シェイクしてカクテルグラスに注ぐ「シンデレラ」を手軽な作り方にアレンジしました。

Hot Zenzai
ホットぜんざい

手軽におうちで楽しめる、抹茶ミルク味のぜんざい。
小腹が空いたときにもぴったり。

材料（1杯分）
- 抹茶ミルクの素（市販品）…1杯分
- 温かい牛乳または湯…1杯分
- あんこ…小さじ2

作り方：❶抹茶ミルクの素と、牛乳または湯で、パッケージの表示通りに抹茶ミルクを作る。❷耐熱カップに抹茶ミルクとあんこを入れ、混ぜながらいただく。

Advice あんこをたっぷり入れればデザート風に。お好みで量を調節して。

ノンアルコールカクテル

Advice アイスにしてもおいしい。グラスに紅茶、マーマレードを入れてよく混ぜてから、氷を入れて軽く混ぜます。

Marmalade Tea
マーマレードティー

紅茶にジャムを加えて、カンタンにフレーバーティーに。
午後のティータイムを華やかに彩ります。

材料（1杯分）
- 温かい紅茶…カップ1杯分
- マーマレード…大さじ1

作り方：カップに紅茶を入れ、マーマレードを加えてよく混ぜる。

カクテルをかわいく演出！
身近な道具を使ったコツ

かわいい！楽しい！
フルーツの皮を型で抜いて飾る

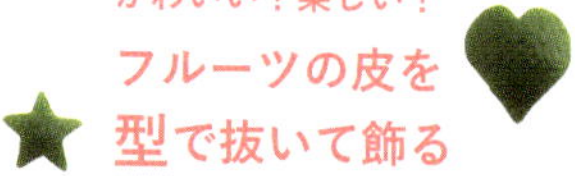

製菓用の小さな型がおすすめ！

❶ ナイフで皮をむく
くし形に切ったライムやレモン、オレンジを、皮を下にして置き、皮をそぐようにナイフでむきます。できれば小まわりのきくペティナイフを使って。

❷ 皮を型で抜く
クッキーなどに使う型抜きを皮にあて、体重を均等にのせてくり抜きます。皮が硬く、そのまま押すと手が痛くなるので、布巾などをあてましょう。

ボール紙で型を作って！
パウダーをかわいい形にふる

型紙をのせてパウダーをふる
グラスよりもひとまわり大きなボール紙の中央を好みの形に切り抜き型紙を作ります。型紙をグラスのふちに置き、茶こしにココアパウダーなどを少量入れて、スプーンで茶こしのふちをたたきます。茶こしをなるべく型紙の近くに寄せ、パウダーをふりすぎないのがきれいに形を出すコツ。

p.105のティラミスカクテルでいろいろ試してみました！

ハート 　　リボン 　　三日月

せっかくカクテルを作るなら、ちょこっと手間をかけて、
かわいく仕上げませんか？
身近な道具を利用して、カクテルにおしゃれに見せる
テクニックを紹介します。

ピックやグラスマーカーを
ワンポイントに

チェリーなどを刺して
グラスに添える

チェリーやオリーブをピックや楊枝に刺してグラスに添えるだけで、お店のカクテルのよう。オレンジやレモンの薄切りとチェリーを組み合わせても素敵。

カラフルなピックや楊枝は大活躍！
雑貨屋さんで見つけたら、
買っておいて損はないはず。

自分のグラスが
ひと目でわかる

グラスマーカーは、パーティの際に、自分のグラスがわかるようにグラスの脚や口の部分につけるアクセサリー。いつものグラスがおしゃれにかわいく。

ガラスやシルバーなど、種類や形も豊富。
色違いで揃えておけば、おしゃれなうえに、
ひと目で誰のグラスかわかります。

カクテルをさらにかわいく、おいしくする！

一歩上級、プロのテクニック

デコレーションもカクテルの魅力のひとつ。ときにはプロのバーテンダー気分で、より本格的なおうちカクテルを楽しんではいかが？

シトロンフラッペ（p.47）でこのテクニックを使っています！

グラスのふちをキラリと輝かせる
スノースタイル Snow Style

グラスのふちに塩または砂糖をつけるテクニックで、その姿が、雪が凍りついたように見えることから名づけられました。スノースタイルのカクテルは、テキーラベースの「マルガリータ」が有名です。

❶ グラスのふちに果汁をつける
ライムまたはレモンの切り口にグラスのふちをあてて一周させます。果汁がしっかりつくように、切りたてを使うこと。

❷ 塩を少しずつつける
平らな器に塩または砂糖を広げ、1のグラスを逆さまに少しずつあてて一周させます。塩の表面に触れるようにふわっとつけるのがコツ。

グラスからフルーツが香る
ピール Peel

ライムやレモンなどの皮を指先でツイストさせるテクニック。皮の表面のオイル分が香りをよくし、カクテルの風味を引き締めます。柑橘類を使ったカクテルで試してみましょう。

柑橘類の皮をひねる
レモンやライムの皮をグラスの近くでひねります。グラスの口に入れるのではなく、ふちに4カ所ほどひねるだけで香りがつきます。

Part 4

おしゃれでカンタン
カクテルのおとも

Dried Fruit & Ham
ドライフルーツと生ハムのピンチョス

みんなが気軽に手に取れるピンチョス。
たくさん用意しておけば、テーブルが華やかに。

材料（2人分）
- ドライフルーツ各種（マンゴーやいちじく、プラムなど）…適量
- 生ハム…適量
- キューブ状のチーズ（なければブロックチーズを1.5cm角に切る）…6個

作り方：ドライフルーツ、生ハムをピックに刺さる大きさに切る。生ハム、チーズ、ドライフルーツの順にピックに刺す。

Walnut & Blue Cheese Dip
くるみとブルーチーズのディップ

ブルーチーズにくるみの香ばしさをプラスして風味豊かに。
ワインベースのカクテルのおともに。

材料（2人分）
- くるみ（なければお好みのナッツ類）…30g
- ブルーチーズ…30g
- 生クリーム…大さじ1と1/2

作り方：❶くるみは適当な大きさにくだいておく。❷ブルーチーズを小さなボウルに入れて大きめのフォークでつぶし、生クリームを少しずつ加えてよく混ぜ、クリーム状にする。❸1のくるみを加えてさらに混ぜる。

Part 4
カクテルのおとも

139

Cucumber with Shio-Kombu

Celery with Plum & Honey

きゅうりの塩昆布和え

ごま油と塩昆布の風味は焼酎や日本酒のカクテルに。

材料（2人分）
- きゅうり…1本
- 塩昆布…2つまみ
- 塩…適量
- ごま油…適量

作り方：❶きゅうりをひと口大の乱切りにして、小さめの保存容器に入れる。❷塩昆布、塩、ごま油を加え、ふたをしてよく振る。❸冷蔵庫で1〜2時間おき、きゅうりに味がなじんだら食べごろ。

セロリの梅肉はちみつ和え

梅の酸味とはちみつの甘みで、甘酸っぱい即席ピクルス風に。

材料（2人分）
- セロリ…1/2本
- 梅干し…1個
- はちみつ…大さじ2

作り方：❶セロリはひと口大に切る。梅干しは種を取りフォークで潰しておく。❷小さめの保存容器に1を入れてはちみつを加え、ふたをしてよく振る。❸冷蔵庫で1〜2時間おき、セロリに味がなじんだら食べごろ。

Part 4
カクテルのおとも

Mini Tomato Salad with Peperoncino Sauce

Satsumaage & Sakuraebi with Sweet Chili Sauce

ミニトマトのペペロンサラダ

パスタソースが食材の味をまとめる、お手軽サラダ！

材料（2人分）
- ミニトマト…100g
- コーン（缶詰）…小1缶（55g）
- あさり（水煮）…30g
- マッシュルーム（水煮）…50g
- ペペロンチーノソース（市販品）…小さじ1

作り方：❶ミニトマトは半分に切っておく。❷材料をすべてボウルに入れ、よく混ぜる（ペペロンチーノソースはオイルと具材が分離している場合があるので、よく混ぜてから使う）。

さつま揚げと桜えびのスイートチリソース和え

ピリッとスパイシーで、焼酎ベースのカクテルが進みそう。

材料（2人分）
- さつま揚げ…100g
- 桜えび…小さじ2
- スイートチリソース…小さじ2
- 香菜（お好みで）…少々

作り方：❶さつま揚げは1.5cmのさいころ状に切る。❷1と桜えびをボウルに入れ、スイートチリソースで和える。お好みで香菜を添える。

Kimchi & Cheese Baked in Foil
キムチとチーズのホイル焼き

キムチの辛みとラーメンスナックのほのかな甘みが不思議とマッチ。
焼酎やマッコリベースのカクテルにぴったり。

材料（2人分）
- キムチ…100g
- ラーメンスナック（チキン味）…20g
- ピザ用チーズ…適量

作り方：❶アルミホイルを二重に重ね、その上でキムチとラーメンスナックを混ぜる。❷フライパンに1をおき、ピザ用チーズをかける。❸アルミホイルを閉じて、弱火で5〜10分焼く。

カクテルのおとも

Cheese Cracker
チーズせんべい

100%チーズだから凝縮されたおいしさ。
ほんのりきつね色に焼き上げて、パリパリした食感を楽しんで。

材料（2人分）
- ピザ用チーズ…1と1/2カップ
- 粉チーズ…適量
- 粗挽き黒こしょう（お好みで）…少々

作り方：❶フライパンにアルミホイルを敷き、ピザ用チーズを隙間なく敷く。❷弱火で5～7分ほど焼き、チーズが溶けてきたら粉チーズをふる。❸アルミホイルをフライパンから取り出して冷まし、チーズをアルミホイルからはがして、食べやすい大きさに割る。お好みで黒こしょうをふる。

Italian Gratin of Oiled Sardines
オイルサーディンの
イタリアングラタン

パスタのトマトソースを使って、手軽なのに本格派の味に！
強めのカクテルにも合う、後を引くおいしさです。

◦•◦ Part 4 ◦•◦
カクテルのおとも

材料（2人分）
● オイルサーディン（缶詰）…1缶
● 玉ねぎ（薄切り）…1/8個分
● オリーブオイル…小さじ1
● パスタソース（トマト）…大さじ3
● 粗挽き黒こしょう…少々
● ピザ用チーズ…適量

作り方：❶オイルサーディンは油をきっておく。❷耐熱皿に玉ねぎを敷き、オリーブオイルをかけて1を並べる。パスタソースをかけ、黒こしょうをふり、ピザ用チーズをのせる。❸2にアルミホイルをかぶせて、トースターで約10分焼き、アルミホイルを取ってさらに5分焼く。

Bean Salad Sandwich
豆サラダサンド

小腹が空いたら、豆たっぷりのサンドイッチはいかが？
ピリ辛の粒マスタードがアクセントに。

材料（2人分）
- ツナ＆マヨネーズスプレッド…大さじ2
- 粒マスタード（あれば）…大さじ1
- 粉チーズ（お好みで）…適量
- ミックスビーンズ…50g
- キャベツのせん切り…30g
- ロールパン…4個

作り方：❶ボウルにツナ＆マヨネーズスプレッドと粒マスタード、お好みで粉チーズを入れて混ぜる。❷1にミックスビーンズ、キャベツのせん切りを加えてよく混ぜる。❸ロールパンに切り目を入れ、2をはさむ。

Part 4
カクテルのおとも

Toast in Margherita Style
マルゲリータ風トースト

二度焼きでピッツァのようにカリッと仕上げます。
トマトソースの赤とバジルのグリーンがきれい！

材料（2人分）
- 8枚切り食パン…1枚
- パスタソース（トマト）…大さじ1
- モッツァレラチーズのスライス…適量
- バジル…適量

作り方：❶食パンを4等分に切り、トースターで2分焼く。❷パスタソースをぬり（パスタソースは少し炒めて水分を飛ばし、ペースト状にするとよりおいしくなる）、モッツァレラチーズとバジルをのせる。❸アルミホイルの上にのせてトースターで5分弱焼く。

Brandy a la Mode
ブランデーアラモード ✶✶

リキュールとブランデーで、
バニラアイスをちょっぴり大人のデザートに。

― Part 4 ―
カクテルのおとも

材料（1杯分）
- チョコレートリキュール…大さじ2〜3
- ブランデー…小さじ1
- カップバニラアイス…1個

作り方：チョコレートリキュールとブランデーを混ぜておく。カクテルグラスにバニラアイスをのせて、混ぜたリキュールをかける。

Advice お好みで砕いたナッツやレーズンをトッピングするのもおすすめ。お酒の強い人はブランデーを増やしても。

Cream Cheese with Dried Fruits

ドライフルーツたっぷりの
クリームチーズ

チーズの油分とドライフルーツのしっかりした甘みが合わさり、強いお酒にも負けない深いコクがうまれます。

材料（2人分）
- クリームチーズ…100g
- ミックスドライフルーツ（レーズン、マンゴー、パイナップルなど）…適量

作り方：❶クリームチーズは室温に戻し、ボウルに入れてやわらかくなるまで混ぜる。❷ドライフルーツを細かく切り、1に加えてよく混ぜる。❸まとめてラップで包み、冷蔵庫で冷やし固める。

Advice　そのままでも、クラッカーやパンにつけてもおいしくいただけます。

Part 4
カクテルのおとも

Dried Prune in Sangria
サングリアのドライプルーン

サングリア（→p.85参照）を作るときに使うドライフルーツは、デザートとしても最適です。

材料（2人分）
- ドライプルーン…6個
- 赤ワイン…2と1/2カップ

作り方：ガラス瓶や密閉容器などに材料を入れて、1週間ほど冷蔵庫で寝かせる。ドライいちじくなど、お好みのドライフルーツで作ってもおいしい。

おいしいお酒を飲みに、
バーに行ってみよう！

バーは敷居が高いというイメージがあるかもしれませんが、カジュアルな服装で入れるお店がほとんどです。プロのバーテンダーが提供するカクテルやサービスを楽しみに、ときには足を運んでみては？

バーでの一杯が
リフレッシュに

バーは、気軽に非日常を味わえる場所です。そのため、昔ながらのバーには時計や窓がないところも。時間を忘れて、外界を忘れて、バーでの時間を楽しみましょう。いやなことがあった日も、リフレッシュできます。ひとりでふらりと来るお客さんも多く、また、カウンターで隣り合ったお客さんと仲よくなる、なんていうことも。いろんな職種の人と出会うことのできる場所でもあります。

どんなものを飲みたいか
好みを伝えましょう

バーテンダーを困らせるのが「おすすめを」というオーダー。アルコールの強さ、甘みや酸味などの好みを伝えるのがマナーです。「さっぱりしていて、炭酸が入っているものが飲みたい」「牛乳を使った甘い物がいい」など、おおまかな好みでOK。お酒に強くなくても、詳しくなくても、きちんと伝えればバーテンダーがその人に応じたカクテルを作ってくれます。

普段飲むお酒や好きなフルーツも、バーテンダーのヒントに

カクテルは早く飲んだほうがいい？

　一般的に、短い時間で飲みきるショートカクテルは氷が入っていないので3口で、タンブラーなどの大きめのグラスに注がれるロングカクテルでも、氷が溶けてしまうと味が変わるので10分で飲みきるとおいしいといわれています。もちろんバーテンダーにはおいしい状態で飲んでほしいという気持ちはありますが、気にしすぎず、自由に楽しみましょう。のんびり飲むなら、氷を溶かしながら飲むロックがおすすめです。

ついおしゃべりに夢中になって、カクテルがぬるくなってしまうなんていうことも。

他のお客さんに迷惑をかけないよう注意しましょう

　バーはお酒や人との交流を楽しむ場所です。ひょっとしたら、これから恋人にプロポーズをしようとしている人がいるかもしれません。そんなときに、騒がしくすると場の雰囲気を壊してしまいます。バーにいるのは自分たちだけではない、ということを忘れずに、お酒を楽しみましょう。

カクテル用語辞典

カクテルの基本的な用語をまとめました。カクテルを作るとき、バーのメニューを読むとき、バーテンダーと会話をするときに、知っておくときっと役に立ちますよ。

スピリッツ
醸造酒を蒸留してアルコール分を高めた蒸留酒のこと。ジン、ウォッカ、ラム、テキーラ、ウイスキー、ブランデーなど。カクテルのベースにしたり、そのままショットグラスで飲むことも。ちなみにビールや日本酒、ワイン、マッコリは醸造酒。

リキュール
スピリッツに果実や花、ハーブ、スパイスなどの香りと甘味などを加えたお酒。鮮やかな色のものが多く、カクテルを華やかにする。ジュースやミルクなどで割ってカクテルにするのはもちろん、ロックでおいしく飲めるものも多い。

ビルド
材料をグラスに直接注ぎ、バースプーン（バーテンダーが使用する、両端にフォークとスプーンのついた細長いスプーン）で混ぜるカクテルの作り方。

ステア
材料をバースプーンなどで混ぜること。カクテル作りのテクニックとして用いる場合は、氷入りのミキシンググラス（材料を混ぜる専用のグラス）に入れた材料をバースプーンで手早くかき混ぜること。素材の味がいきる、シェイクするよりも色を美しく保てるなどの利点がある。

シェイク
シェイカーに氷と材料を入れて振ること。混ざりにくい材料を混ぜ合わせる、冷やす、まろやかな口あたりにする、といった効果がある。

ブレンド
ミキサーを使って材料を混ぜ合わせること。

フロート
2種類の比重の違う液体を混ぜ合わせないように「浮かせる」技法。何層にもフロートさせると、プーススタイル（→ p.155 参照）のカクテルに。

ピール
柑橘類の皮のこと。また、柑橘類の皮をグラスのふちでひねり、カクテルの香りづけにするテクニック。

コリンズ
コリンズグラス(容量300〜350mℓの細長いグラス)にスピリッツとレモンジュース、グレナデンシロップ、砂糖などを入れ、ソーダで満たしたもの。グラスが大きく1杯分が多いのが、フィズとの違い。

サワー
英語で「酸っぱい」の意味で、スピリッツに酸味のあるレモンなど柑橘系のジュースと砂糖などの甘味を加えたカクテル。

フィズ
スピリッツやリキュールにレモンジュースやグレナデンシロップ、砂糖などを入れてソーダで満たしたもの。炭酸が弾ける音が外国人にはフィズと聞こえるためこの名がある。

フラッペ
クラッシュドアイスを詰めたグラスに、材料を注いだもの。シェイカーでクラッシュドアイスと材料をシェイクする場合もある。

リッキー
ベースのお酒にレモンまたはライムを搾って果肉もそのままグラスに入れ、ソーダで満たし、マドラーでフルーツを潰しながら飲むスタイルのカクテル。

オンザロック
オールドファッショングラス(ロックグラス)に大きめの氷を入れ、材料を注ぐカクテル。

スノースタイル
塩または砂糖をグラスのふちにつけること(→ p.136参照)。

フローズンスタイル
クラッシュドアイスと材料をブレンダーにかけてシャーベット状にするカクテル。

プーススタイル
材料の比重を利用して、混ぜずに層にするカクテル。比重の重いものから注ぎ、二層の場合はフロート(→ p.154参照)と呼ぶ。

ショートカクテル
短時間で飲みきることが前提のカクテル。氷を入れずに容量の小さなカクテルグラスを使う場合が多く、時間をかけるとぬるくなりおいしさが損なわれてしまう。

ロングカクテル
ショートカクテルに比べ、時間をかけて飲めるタイプのカクテル。大きめのグラスを使い、氷を入れる場合が多い。上記のフィズやオンザロックはロングカクテル。

スピリッツ・リキュール別索引

【ウォッカ】
スクリュードライバー　32
ブルドック　33
マンゴーティー　34
ウォッカソーダ　35
モスコミュール　36
グレフルペッパー　70
ミニトマトのカクテル　76
ベリーショコラ　77
ブラックルシアン　94

【ジン】
ジントニック　38
オレンジブーケ　40
綺麗☆カクテル　41
ジンアップル　42
ジンライム　43
ライチフィズ　54
ブルガリアオレンジ　72

【ラム】
ラムコーク　56
スイートラムちゃん　58
ダイキリ・オンザロックス　59
ラムキウイ　73
ラムショコラ　99
ラムパイン　100
ラムアップルティー　101
ピニャコラーダ　102
ホットバターラム　114

【ウイスキー】
大人のサワー　60
ガールズ・マンハッタン　62
ゴッドファーザー　106

【テキーラ】
ビーチガール　44
ブロードウェイ・サースト　45
ストロベリー・サンライズ　46
シトロンフラッペ　47

【ライチリキュール】
ビーチガール　44
ライチ・グレープフルーツ　52
チャイナブルー　53
ライチフィズ　54
ライチウーロン　55

【カンパリ】
乙女の気持ち　48
カンパリソーダ　50
スプモーニ　51

【カシスリキュール】
キール・ロワイヤル　82
カシスミルク　88
カシスオレンジ　90
カシスジェラート　91
韓流ロワイヤル　111

【コーヒーリキュール】
カルーアミルク　92
ブラックルシアン　94
メキシカンブラック　95
ティラミスカクテル　105

【チョコレートリキュール】
ベリーショコラ　77
チョコティー　98
ラムショコラ　99
ゴディバアイリッシュクリーム　115
ブランデーアラモード　148

【アマレット】
ガールズ・マンハッタン 62
アマレットジンジャー 104
ティラミスカクテル 105
ゴッドファーザー 106

【アイリッシュクリーム】
ベイリーズオレ 96
パンプキンプディング 97
ゴディバアイリッシュクリーム 115

【その他のスピリッツとリキュール】
ガールズ・マンハッタン
（スイートベルモット）62
ベルモットハーフ＆ハーフ
（ドライベルモット、
スイートベルモット）108
ミントソーダ
（ミントリキュール）64
スーズウォーター（スーズ）65
コート・ダジュール
（コアントロー）78
パリジェンヌ（コアントロー）110
梅酒りんご（ブランデー）86
ブランデーアラモード
（ブランデー）148
ファジーネーブル
（ピーチリキュール）109

【ビール】
パナシェ 22
レッドアイ 23
シャンディーガフ 24
パイナップルビア 25
メキシカンブラック（黒ビール）95

【ワイン・シャンパン】
サンデーブランチ（白）26
ミモザ（シャンパンまたは
スパークリング）27
ガーデンシエスタ（白）28
ジェリーワイン（赤）30
貴婦人のキッス（赤）31
桃ワイン（白）74
キール・ロワイヤル
（シャンパン）82
リリー（白）83
ワインクーラー（赤）84
ドライプルーンの
サングリア（赤）85
ホットワイン（赤）112
サングリアのドライプルーン（赤）
151

【日本酒】
なでしこロック 69

【焼酎】
コロンビア 66
今夜は朝まで（しそ焼酎）67
ゆずと焼酎のホットカクテル 117

【マッコリ】
初恋の味 68
韓流ロワイヤル 111

【梅酒】
梅酒りんご 86
梅酒ソーダにスペインの風を 87
プラムティー 116

割り物別索引

【オレンジジュース】
ミモザ 27
スクリュードライバー 32
オレンジブーケ 40
ブロードウェイ・サースト 45
ストロベリー・サンライズ 46
ブルガリアオレンジ
（フレッシュジュース） 72
ワインクーラー 84
カシスオレンジ 90
ファジーネーブル 109
ホットワイン 112
真夏のスペイン 120
マンゴーオレンジ 125
真昼のシンデレラ 131

【グレープフルーツジュース】
ブルドック 33
スプモーニ 51
ライチ・グレープフルーツ 52
チャイナブルー 53
グレフルペッパー
（フレッシュジュース） 70
ラムキウイ 73
パリジェンヌ 110
ゆずと焼酎のホットカクテル 117
バージンブリーズ 126

【パイナップルジュース】
パイナップルビア 25
ビーチガール 44
ラムパイン 100
ピニャコラーダ 102
バージン・ピニャコラーダ 127
真昼のシンデレラ 131

【りんごジュース】
ジンアップル 42
梅酒りんご 86
ラムアップルティー 101

【アセロラジュース】
今夜は朝まで 67
リリー 83
ワインクーラー 84
パリジェンヌ 110

【トマトジュース】
レッドアイ 23
真夏のスペイン 120

【ジンジャーエール】
シャンディーガフ 24
モスコミュール 36
アマレットジンジャー 104
シャーリー・テンプル 123
サラトガクーラー 124

【マンゴージュース】
マンゴーティー 34
マンゴーオレンジ 125

【その他のジュース】
パナシェ（レモンソーダ） 22
サンデーブランチ（サイダー） 26
綺麗☆カクテル
（レモン風味ビタミンドリンク） 41
ラムコーク（コーラ） 56
ベリーショコラ（クランベリージュース） 77
リリー（桃ジュース） 83
バージンブリーズ
（クランベリージュース） 126

【トニックウォーター】
ジントニック　38
スプモーニ　51

【ソーダ】
ウォッカソーダ　35
乙女の気持ち　48
カンパリソーダ　50
ライチフィズ　54
スイートラムちゃん　58
ミントソーダ　64
コート・ダジュール　78
梅酒ソーダにスペインの風を　87

【お茶類】
マンゴーティー（紅茶・無糖）　34
ライチウーロン（ウーロン茶）　55
チョコティー（紅茶・無糖）　98
ラムアップルティー（紅茶・無糖）　101
プラムティー（紅茶・無糖）　116
マーマレードティー（紅茶・無糖）　133

【コーヒー】
コロンビア　66
ゴディバアイリッシュクリーム　115

【牛乳】
カシスミルク　88
カルーアミルク　92
ベイリーズオレ　96
パンプキンプディング　97
ティラミスカクテル　105
マーマレードラッシー　128
ミルクセーキ　130
ホットぜんざい　132

【ココナッツミルク】
ピニャコラーダ　102
バージン・ピニャコラーダ　127

【ヨーグルト】
ブルガリアオレンジ
（飲むヨーグルト）　72
マーマレードラッシー　128

【「カルピス」】
貴婦人のキッス　31
乙女の気持ち　48

村田紘子 *Hiroko Murata*

バーテンダー、ミクソロジスト。フルーツ&ハーブコーディネーター。都内のバー勤務を経て、出張バーテンダーとして、バーやイベントで活躍中。JADP（日本能力開発推進協会）認定のメディカルハーブセラピスト資格をもち、フレッシュフルーツやハーブを使った美容にいいオリジナルカクテルが人気。「おうちでカクテルを楽しんでほしい」との想いから、手作りカクテルの講習会なども積極的に開催している。
日本カルチャー協会 東京・銀座校にてカクテル講座を開講中。
http://ameblo.jp/fruits-harbs/

Staff
撮影————寺岡みゆき
スタイリング—澤入美佳
デザイン——後藤美奈子（MARTY inc.）
イラスト——小林　晃
編集協力——ふなかわなおみ（からくり社）
企画・編集——株式会社童夢

＊「カルピス」はカルピス株式会社の登録商標です。

女の子のための かわいいカクテル

●協定により検印省略

著　者　村田紘子
発行者　池田　豊
印刷所　図書印刷株式会社
製本所　図書印刷株式会社
発行所　株式会社池田書店
　　　　〒162-0851 東京都新宿区弁天町43番地
　　　　電話 03-3267-6821（代）／振替 00120-9-60072

乱丁・落丁はおとりかえいたします。
© Murata Hiroko 2011, Printed in Japan
ISBN978-4-262-12974-7

本書のコピー、スキャン、デジタル化等の無断複製は
著作権法上での例外を除き禁じられています。
本書を代行業者等の第三者に依頼してスキャンやデジタル化することは、
たとえ個人や家庭内での利用でも著作権法違反です。